Como fazer o seu negócio prosperar durante uma recessão.

COMO FAZER O SEU NEGÓCIO PROSPERAR DURANTE UMA RECESSÃO

Por: D.K. Hawkins

Versão 1.1 ~Outubro 2022

Publicado por D.K. Hawkins no KDP

Copyright ©2022 por D.K. Hawkins. Todos os direitos reservados.

Nenhuma parte desta publicação pode ser reproduzida, distribuída ou transmitida sob qualquer forma ou por qualquer meio, incluindo fotocópia, gravação ou outros métodos electrónicos ou mecânicos, ou por qualquer sistema de armazenamento ou recuperação de informação sem a prévia autorização escrita dos editores, excepto no caso de citações muito breves incorporadas em revisões críticas e certos outros usos não comerciais permitidos pela lei de direitos de autor.

Todos os direitos reservados, incluindo o direito de reprodução no todo ou em parte, sob qualquer forma.

Todas as informações contidas neste livro foram cuidadosamente pesquisadas e verificadas quanto à sua exactidão factual. Contudo, o autor e a editora não dão qualquer garantia, expressa ou implícita, de que a informação aqui contida é apropriada para cada indivíduo, situação ou finalidade e não assumem qualquer responsabilidade por erros ou omissões.

O leitor assume o risco e total responsabilidade por todas as acções. O autor não será considerado responsável por qualquer perda ou dano, seja consequente, incidental, especial ou não, que possa resultar da informação apresentada neste livro.

Todas as imagens são gratuitas para utilização ou adquiridas em sítios de fotografia de stock ou livres de royalties para utilização comercial. Confiei nas minhas próprias observações bem como em muitas fontes diferentes para este livro, e fiz o meu melhor para verificar os factos e dar crédito onde ele é devido. No caso de qualquer material ser utilizado sem a devida permissão, por favor contacte-me para que a omissão possa ser corrigida..

A informação fornecida neste livro é apenas para fins informativos e não pretende ser uma fonte de aconselhamento ou análise de crédito no que respeita ao material apresentado. As informações e/ou documentos contidos neste livro não constituem aconselhamento jurídico ou financeiro e nunca devem ser utilizados sem primeiro consultar um profissional financeiro para determinar o que pode ser melhor para as suas necessidades individuais.

A editora e o autor não fazem qualquer garantia ou outra promessa quanto a quaisquer resultados que possam ser obtidos com a utilização do conteúdo deste livro. Nunca deverá tomar qualquer decisão de investimento sem primeiro consultar o seu próprio consultor financeiro e realizar as suas próprias pesquisas e diligências. Na medida máxima permitida por lei, a editora e o autor declaram toda e qualquer responsabilidade no caso de quaisquer informações, comentários, análises, opiniões, conselhos e/ou recomendações contidas neste livro se revelarem inexactas, incompletas, ou não fiáveis ou resultarem em qualquer investimento ou outras perdas.

O conteúdo contido ou disponibilizado através deste livro não se destina e não constitui aconselhamento jurídico ou de investimento, e não é formada qualquer relação advogado-cliente. A editora e o autor fornecem este livro e o seu conteúdo numa base de "tal como está". A sua utilização das informações contidas neste livro é por sua conta e risco.

Tabela de Conteúdos.

Tabela de Conteúdos..3

Introdução..5

Capítulo 1: Como Manter um Negócio Forte Durante Uma Recessão..........................9

Capítulo 2: Definindo a sua proposta de valor durante uma recessão..........................17

Capítulo 3: Métodos comprovados para prosperar numa recessão..........................23

Capítulo 4: Estratégias para ajudar o seu negócio através da tempestade de recessão..........................32

Capítulo 5: Formas de mudar o momento..............46

Capítulo 6: Reduza os custos e aumente os lucros durante uma recessão, movendo o seu negócio online..........................53

Capítulo 7: Assumir o controlo dos seus negócios em tempos incertos..........................58

Capítulo 8: Como a publicidade pode aumentar o seu lucro durante uma recessão..........................68

Capítulo 9: Como aumentar os seus rendimentos através do Network Marketing mesmo durante uma Recessão..........................74

Capítulo 10: Utilize Teleseminários para a Recessão-Protecção da sua Empresa..........................78

Capítulo 11: Estratégias de Marketing que se podem implementar quando em Recessão..........81

Capítulo 12: Transformação de Passivos em Activos..........92

Capítulo 13: Directrizes de Venda Contrárias Durante Uma Recessão..........96

Capítulo 14: Como o marketing baseado na localização pode ajudar a sua empresa a sobreviver à recessão..........99

Capítulo 15: Avalie a sua estratégia de Marketing durante uma Recessão..........102

Capítulo 16: Melhore o valor do seu trabalho durante uma recessão..........106

Capítulo 17: Utilizar a força dos serviços de SEO..109

Capítulo 18: Alternativas para cortar e puxar para trás durante esta recessão em curso..........113

Conclusão..........119

Introdução.

Durante uma recessão, deve estar vigilante como proprietário de um negócio. Seria melhor se estivesse atento a sinais como a redução do tamanho das empresas, o aumento do desemprego, um aumento das execuções hipotecárias e a queda dos valores imobiliários.

Ao mesmo tempo, pode ouvir relatos de queda do mercado bolsista e de colapso de grandes instituições financeiras e seguradoras. Todos estes factores contribuem para a crise financeira.

Ao contrário do que os meios de comunicação social querem fazer-nos crer, a nossa oferta de dinheiro não se esgota, e a maioria das pessoas não está a sofrer financeiramente. Muitos podem encarar a recessão como um momento de obscuridade económica que lhes deixa poucas ou nenhumas oportunidades de melhorar o seu estatuto financeiro.

Confrontam estas circunstâncias com pessimismo e desespero.

Apesar do pessimismo generalizado, outros ainda o vêem como um período de tempo razoável. Para os optimistas, uma recessão significa que os bens imobiliários e a maioria das coisas físicas são vendidos a preços muito baixos. O tempo para comprar é agora, enquanto os preços ainda são baixos. Quando a economia recuperar, o valor destes bens subirá, permitindo que estes investidores os revendam para obterem ganhos substanciais.

É essencial que os empresários tenham uma compreensão fundamental da economia. Eles devem compreender que o nosso dinheiro não desapareceu verdadeiramente; em vez disso, ele é cuidadosamente transferido de indivíduos que gastaram em excesso durante os bons tempos para os comerciantes experientes que prosperam nestes tempos difíceis.

Para compreender melhor o movimento de fundos, podemos referir-nos a um tipo de consumidor como "pessoas reactivas". Estes indivíduos gastaram livremente o seu dinheiro quando a economia era saudável. Agora estão num estado de desespero e desespero financeiro, esperando apenas uma melhoria. Consequentemente, eles estão inclinados a renunciar a oportunidades de investimento durante estes tempos difíceis. Não estão cientes das causas da crise financeira.

O segundo grupo é composto por indivíduos proactivos. Estes especialistas em marketing antecipam oportunidades, reconhecem-nas e agarram-nas sem hesitação. Os proprietários de empresas domiciliárias aprendem a vender e promover eficazmente as suas empresas na Internet, permitindo-lhes obter um rendimento substancial mesmo durante períodos de crise económica.

Se é proprietário de um negócio e joga bem as suas cartas, a recessão não precisa de ser um momento de dificuldades financeiras para si. Também você pode tornar-se proactivo, seguindo alguns passos simples: Concentrar-se na abundância em vez da falta.

Utilizar o marketing de resposta directa quando os indivíduos procuram oportunidades. Aprenda a promover os seus serviços ou produtos eficazmente, e irá atrair clientes que procuram valor pelo seu dinheiro. Quando possível, tirar partido da poupança em publicidade.

Não só as técnicas de marketing são essenciais para uma empresa modesta baseada em casa, mas também uma compreensão das causas das crises financeiras. O conhecimento constante da economia pode ajudá-lo a tomar as decisões mais rentáveis da empresa.

Capítulo 1: Como Manter um Negócio Forte Durante Uma Recessão.

Quer um negócio seja grande ou pequeno, é evidente que as recessões podem ser estressantes. Podem também ser uma oportunidade de ouro para si, como empresário, para avaliar e fortalecer a sua empresa.

Primeiro, comunicar.

Embora se deva esforçar constantemente por ter uma boa comunicação na sua organização, é essencial comunicar eficazmente durante circunstâncias difíceis. Deve comunicar eficazmente com o seu pessoal, gestores, executivos, e outros proprietários de empresas.

Deverá certificar-se de que todos estão na mesma página, especialmente se for necessário tomar medidas dramáticas imediatamente. Deve manter o seu pessoal consciente do que está a acontecer dentro da organização. Se as coisas estiverem a correr mal, informe-os. Consequentemente, se forem tomadas medidas, eles não ficarão totalmente surpreendidos.

Se tiver de despedir empregados, faça-o apenas uma vez.

Esta é talvez uma das tarefas mais desafiantes para qualquer empresário ou CEO, mas se tiver de despedir pessoas, faça-o apenas uma vez. O aspecto mais triste de ter de despedir um funcionário durante uma recessão é que ele pode ser um trabalhador excepcional, mas simplesmente não tem dinheiro para os despedir.

Se tiver de se livrar de alguém, certifique-se de que faz o suficiente na primeira vez para não ter de repetir o processo uma segunda ou terceira vez. Os seus restantes trabalhadores compreenderão se o fizer uma vez, mas perderão a confiança em si e na empresa se o fizer muitas vezes. Em vez de serem membros produtivos da equipa, eles passarão o dia inteiro preocupados em perder o seu emprego.

Rever o básico.

Veja de perto o seu negócio. Qual é a sua principal competência? Está a desviar-se disso? Quando os tempos são difíceis, deve concentrar-se no que sabe melhor. Além disso, é tempo de voltar aos fundamentos do serviço ao cliente.

Deve assegurar-se de que converte as pistas que recebe, pois provavelmente não receberá tantas como recebia anteriormente. Deve também assegurar-se de que não perde nenhum consumidor actual. Os clientes são essenciais para a sua sobrevivência, pelo que deve fazer todo o possível para manter o seu negócio.

Aumente o moral do seu pessoal.

Os bónus podem não ser uma opção. Quer tenha ou não tido de implementar despedimentos, é provável que o seu pessoal esteja a par do estado do negócio. Por conseguinte, se as coisas não estiverem a decorrer e estiverem, é provável que sejam informados. Consequentemente, deverá descobrir métodos alternativos para aumentar o moral dos funcionários e manter a motivação.

Um comentário ou uma pequena apreciação por um trabalho bem feito vai muito longe com os empregados. Pode significar muito para os empregados receber elogios do seu supervisor, especialmente por desempenharem bem as suas tarefas diárias.

Isto pode também ser uma oportunidade para conhecer melhor o seu pessoal. Pode convidar um grupo para jantar em sua casa, ou pode ter uma conversa significativa com qualquer pessoa sobre o que está a acontecer nas suas vidas.

Conhecer melhor o seu pessoal pode também dar-lhe a oportunidade de lhes dar um pequeno mas significativo presente. Pode praticar outras coisas para aumentar o moral da sua empresa.

Prepare-se para a Regresso.

Numa recessão, esta pode ser uma das coisas mais críticas que pode fazer pela sua empresa. Mesmo que esteja em modo de sobrevivência, deve continuar a pensar e a planear o futuro. Eventualmente, a economia irá recuperar; quando o fizer, deverá estar totalmente preparado para capitalizar a situação.

Deve começar a ver e imaginar como será a paisagem da sua indústria quando a recessão terminar. Haverá a mesma quantidade de concorrentes? Menos? Talvez mais? Estas considerações que deve ter; se o fizer, estará bem posicionado para capitalizar sobre o regresso.

Cuidados com os clients existentes.

O momento actual não é o momento para entrar em pânico e ficar para trás na satisfação do cliente. Mantenha um contacto próximo com todos os seus clientes e preste especial atenção aos maiores. Deve sempre demonstrar aos seus clientes que continuará a ser valioso para eles no actual clima económico.

Reduzir custos.

Tire algum tempo para examinar o seu orçamento e identificar qualquer despesa excessiva. Há ajustamentos ao orçamento que possam ser feitos para reduzir os custos? Se utilizar quaisquer fornecedores, contacte-os para se informar sobre reduções de preços e se receber quaisquer serviços de outras empresas, contacte-os para se informar sobre reduções de custos. Isto é de esperar no meio de uma recessão. Portanto, não tenha medo de reduzir as despesas de todas as maneiras possíveis.

Limpar.

Agora é o momento perfeito para organizar as finanças e o espaço físico do seu negócio, organizar os seus ficheiros, atender a qualquer arquivo em atraso e arrumar o escritório. Há a possibilidade de descobrir algumas pistas esquecidas que poderia chamar. Uma vez que isso seja feito, será mais simples dar um passo atrás e usar alguma perspectiva para compreender melhor onde se encontra e para onde se dirige.

Empregar a Internet.

A Internet é uma ferramenta e uma ferramenta altamente eficaz. Pode ser um recurso ainda mais valioso durante uma recessão, porque há tantas opções de marketing gratuito em linha. Se não for tão experiente como os outros ou simplesmente não tiver tempo, pode optar por contratar uma empresa de marketing na Internet para o ajudar.

Monitorizar Pagamentos.

Em alturas como estas, prestar um cuidado especial às transacções de crédito e aos cheques. Todos gostaríamos de acreditar que todos os nossos clientes farão pagamentos atempados, mas podem nem sequer ter conhecimento dos seus próprios saldos bancários baixos. Para evitar perder dinheiro e tempo, é essencial manter um olhar atento aos seus clientes e ao dinheiro.

Promova as suas localizações principais.

Não comercialize ou promova o seu produto ou serviço menos vendido mais do que o necessário. Promova activamente os seus serviços mais vendidos e mais rentáveis durante uma recessão. Depois, se o cliente estiver interessado, pode oferecer-lhes quaisquer outros serviços que preste.

Capítulo 2: Definindo a sua proposta de valor durante uma recessão.

O que responderia se alguém se aproximasse de si e perguntasse: "Porque devo escolher-te como meu principal parceiro de negócios"? Este som de trinta segundos poderia ser a diferença entre estabelecer uma relação com um novo cliente e perder outra oportunidade de venda. Deve conhecer a sua proposta de venda única por dentro e por fora.

Pode dizer que a sua proposta de valor é um excelente serviço ao cliente, que o seu preço é o mais competitivo, ou mesmo que afirma ser o melhor do sector e prestar um serviço superior.

Quem diz isto?

Estas afirmações não definem a sua identidade, nem devem ser usadas para comercializar a sua vantagem competitiva.

Porquê? Porque são afirmações susceptíveis de contra-argumentar. Os seus rivais podem replicá-las; sem provas que sustentem as suas afirmações, elas serão vistas como promessas exageradas e sem sentido.

O que o diferencia deve fornecer um melhor valor ao cliente do que o que ele está a pagar em termos de produto, serviço, ou ambos. Diferencia-se ao dar algo de valor excepcional pelo preço, atraindo tanto os clientes existentes como os novos clientes.

Se os seus concorrentes o fizerem melhor, os seus clientes procurarão noutro lugar, a menos que sejam verdadeiramente leais e indiferentes ao preço e ao valor. Na actual recessão económica, é tão simples quanto isso.

Como é que se expõe à concorrência?

Que proposta de valor única pode oferecer que mais ninguém pode?

Podem os seus concorrentes reproduzi-la?

Fornece uma vantagem específica, ou limita-se a assumir que o faz?

Está a apresentar uma proposta com um valor a longo prazo ou uma que proporciona uma solução rápida?

Vamos examinar como distinguir-se do concurso:

1. Efectuar as contas. O seu serviço ou produto irá custar mais aos seus clientes durante a actual recessão económica, mantendo o mesmo nível de valor?

Nesse caso, pode ser história. Os clientes estão à procura de formas de poupar, por isso, se conseguir proporcionar-lhes poupanças reais ou percebidas, é provável que o queiram ao seu lado à medida que enfrentam a recessão. Caso contrário, procurarão uma concorrência alternativa que possa poupar o seu orçamento e negócio.

2. Considere como o seu produto ou serviço se enquadra no mundo do seu cliente. O valor do seu produto ou serviço é importante para o cliente? A forma mais simples de se distinguir é fornecer algo que outros irão sugerir e discutir.

Se for importante para o seu cliente e os seus colegas lhe sugerirem, ele pode não se importar de pagar um pouco mais. Encoraje os seus clientes dedicados a espalhar a palavra sobre o que o distingue. As referências de clientes existentes acabarão por resultar nas taxas de conversão mais elevadas.

3. Não negligencie as relações humanas. Como tenho afirmado repetidamente, os indivíduos fazem transacções comerciais com outras pessoas, não com empresas ou instituições. Implementar um sólido programa de CRM com os seus clientes é uma das estratégias mais eficazes para gerir e promover a sua proposta de valor. Apesar da importância da

poupança de custos, os clientes querem saber em quem podem confiar durante uma recessão através de grosso e fino.

4. Adaptar-se à realidade do seu cliente, e não o contrário. Os seus clientes não têm de se conformar ao seu modelo de negócio; em vez disso, têm de se conformar ao modelo deles. Deve saber e compreender como o seu consumidor percebe as suas operações quotidianas e o que ele acredita serem as respostas para sobreviver e mesmo prosperar durante a recessão económica.

Quais são os seus obstáculos profissionais?

O que é que os seus utilizadores finais desejam, necessitam e antecipam?

Não assuma só porque tem uma proposta de valor fantástica, e é uma transacção feita. É irrelevante se o produto ou serviço não satisfizer as necessidades dos seus clientes. Descobrirá uma que o faça.

5. Encontre a sua vantagem oculta. Existe algum produto que vende e que mais ninguém transporta? Um serviço que presta e que é inigualável? Tem uma ligação comercial ou industrial que identifica tendências emergentes e capitaliza o seu potencial? Utilize isto em seu benefício.

6. Estabeleça-se como o único indivíduo com conhecimento em primeira mão do futuro e do que está à sua frente. Depois deve divulgar estes segredos. Ao fornecer esta informação, demonstrará que compreende o quadro mais amplo, fomentando assim a confiança. Assegure-se de que as suas declarações são à prova de futuro.

Deve ser seleccionado, pois a incerteza económica persistirá pelo menos durante o resto deste ano e possivelmente no próximo. Crie um ponto de diferenciação entre o seu negócio e todos os outros, para que os clientes - os seus clientes actuais, fiéis e os que ainda não foram descobertos - o seleccionem.

Considere a sua perspectiva. Compreenda as suas preocupações e necessidades. Depois resolva as suas dificuldades como ninguém o fez antes. Dê maior valor ao seu dinheiro. É uma situação em que todos ganham.

Capítulo 3: Métodos comprovados para prosperar numa recessão.

Ninguém deseja uma recessão porque necessitaria de uma reavaliação completa de como manter uma empresa próspera. Quando uma empresa passa por uma recessão, não há promessa de que recuperará rapidamente.

Como não havia capital suficiente para continuar as operações, as pequenas e grandes empresas foram forçadas a fechar, imagine mesmo que as empresas estabelecidas tivessem de sacrificar parte das suas sucursais para satisfazer os requisitos financeiros das restantes sucursais.

Não há nada de errado em ter expectativas elevadas, apesar da recessão. Quanto mais cedo reconhecer que o seu negócio está a falhar, tanto melhor. Isto permitir-lhe-ia rectificar a situação e manter a esperança de que a sua empresa ainda possa ser salva.

Concentrar-se nos pontos fortes da empresa, melhorar a equipa de gestão, e outras medidas, pode dar o impulso necessário para colocar a empresa de novo no bom caminho. Está ciente de que deve agora considerar a exequibilidade devido à falta de fundos recebidos.

Manter-se atento aos seus concorrentes é também essencial para que o seu negócio volte a funcionar. Quando notar que eles estão a cortar nas coisas que lhe parecem cruciais, pode optar por aproveitar esta oportunidade para aumentar a sua própria.

Está ciente de que deve mentir sobre outros assuntos, mas não quando se trata de promover o seu negócio. Esta é uma abordagem fantástica para convencer as pessoas a fazer negócios consigo quando os seus concorrentes estão prestes a fechar. Pode fazer certos sacrifícios no seu orçamento de publicidade e marketing para atrair mais clientes.

Lembre-se que em tempos de recessão, chegará um momento em que lhe será exigido que utilize os seus fundos para cobrir as exigências financeiras da empresa. Há sempre a possibilidade de sacrificar fundos pessoais para o bem da empresa.

Não poderá mudar isso, especialmente se for o proprietário da empresa. Numa nota mais leve, pode tirar partido da recessão fazendo publicidade a preços reduzidos. Poderá tirar partido desta oportunidade de ouro para divulgar o seu negócio enquanto os seus concorrentes não o são.

Pode mesmo encontrar indivíduos desempregados altamente competentes e preparados para trabalhar por um salário reduzido, uma vez que precisam desesperadamente do emprego. Pelo menos agora, a empresa tem mais hipóteses de sobreviver à recessão.

Quando isso acontecer, poderá dormir bem à noite sabendo que fez a escolha correcta ao sacrificar dinheiro noutras coisas mais importantes e ao recrutar indivíduos com a capacidade de melhorar a posição da sua empresa.

Ter esperança sob circunstâncias aparentemente sombrias é um desafio. Está confiante de que não se arrependerá de ter feito algo que deveria ter feito antes. Desde que deseje que as coisas melhorem, encontrará dentro de si a possibilidade de fazer certos sacrifícios na fé de que no final tudo estará bem.

As seguintes tácticas não só o podem ajudar, e o seu negócio sobrevive à recessão, como também prospera:

1) Reconhecer que pelo menos uma parte da recessão resulta do medo psicológico e da falta de mentalidade.

De facto, há forças económicas em jogo sobre as quais não se pode ter muito controlo. Ainda assim, uma componente significativa de uma recessão é que todos pensam constantemente sobre ela e reagem por medo. Ponderar constantemente "não é suficiente" ou "está a diminuir" leva muitos indivíduos a diminuir as despesas ou a adiar investimentos vitais.

Deve compreender esta componente psicológica e reconhecer que ela provavelmente influencia os seus clientes, e depois adaptar as suas estratégias de marketing e vendas em conformidade. Ainda assim, deve também sair desta região de medo e entrar num estado de coragem inteligente para tomar medidas calmas, fundamentadas e corajosas.

As únicas pessoas que florescem durante uma recessão são aquelas que não permitem que ela as afecte emocionalmente e que respondam com inteligência e compostura.

2) Tenham um melhor controlo sobre as vossas dívidas.

Negoceie pagamentos mensais reduzidos ou condições de pagamento alargadas para os seus empréstimos. Isto permitir-lhe-á libertar um fluxo de caixa, que terá de impulsionar a sua comercialização. Isto leva à seguinte táctica:

3) Actualizar a sua comercialização.

O erro mais frequente cometido pelas empresas durante uma recessão é a redução do investimento em marketing. No entanto, terá de aumentar os seus esforços de marketing! As pessoas tomam decisões de despesa mais lentas e provavelmente mais bem informadas, pelo que precisam de mais persuasão e exposição ao seu produto ou serviço, e não menos.

Assegure-se de que os seus esforços de marketing e publicidade visam o mercado apropriado, comunique a mensagem apropriada e utilize os meios de comunicação apropriados - e que teste e meça os resultados. O restante é lixo. Para sobreviver a uma recessão, deve melhorar o seu marketing.

4) Reduzir as suas despesas.

Na sua vida quotidiana, deve perguntar-se: "Será que preciso verdadeiramente disto, ou será que só o quero? Gaste exclusivamente nas necessidades por enquanto e reinvista as poupanças no negócio.

Assim que vir os primeiros resultados positivos, poderá tratar de tudo o que desejar, e isso também será muito mais gratificante!

5) Aumente a sua produtividade e eficácia.

Desenvolva uma concentração semelhante à do laser no fluxo de caixa, fluxo de negócios, retenção de clientes, e promoção de clientes. Estabelecer um novo hábito de se concentrar unicamente em actividades que gerarão rendimentos. Eliminar todas as distracções e eliminar o extra.

6) Considerar e implementar "muitos fluxos de rendimento".

Um é o pior número nos negócios.

Porquê? Suponha que depende apenas de um negócio, um cliente, um produto, um serviço, ou um método de distribuição. Nesse caso, estará em sérios problemas se uma coisa falhar: um cliente-chave a partir, publicidade em jornais a falhar subitamente, etc.

Considere como pode diversificar os seus canais de marketing ou criar outros itens ou serviços que complementem o seu negócio principal. Pode mesmo querer estabelecer algumas empresas secundárias que não precisam de muito tempo ou dinheiro e que ainda geram rendimentos adicionais.

7) Concentre-se em criar relações com os seus consumidores e clientes.

Isto é essencial em todos os momentos, mas especialmente durante uma recessão. Uma relação forte encorajará os clientes a permanecerem consigo quando os tempos são difíceis. Sempre, a ligação emocional triunfa sobre o raciocínio racional. Assegure-se de que os seus clientes têm uma impressão favorável de si e da sua organização.

Porque há tanta tristeza e desgraça no mundo, os indivíduos procuram coisas que os façam sentir-se melhor, especialmente durante uma recessão. Portanto, estabeleça uma relação positiva com os seus clientes e cada nova perspectiva desde o início. Não só o ajudará financeiramente, como também o fará sentir-se bem!

Capítulo 4: Estratégias para ajudar o seu negócio através da tempestade de recessão.

Biscayne Engineering Company, fundada em 1898, é a empresa mais antiga da cidade de Miami, com uma história que se estende por mais de três décadas. A sua influência na parte sudeste da Florida estende-se para norte até ao Cabo Canaveral. A Biscayne Engineering Company é uma característica duradoura de Miami.

A Biscayne Engineering sofreu nove recessões e a Grande Depressão ao longo da sua história. À luz disto, questionámos o presidente da Biscayne, George Bolton, e membros da sua equipa de gestão sobre a estratégia da empresa para resistir às tempestades. Quais são alguns dos métodos da Biscayne

Engineering para sobreviver e prosperar durante a Recessão X?

Estratégia 1: Administração.

Bolton é inequívoca sobre uma estratégia de sobrevivência: a gestão é o ponto de partida para tudo. As empresas precisam de uma gestão eficaz em todos os momentos, mas especialmente durante as fases de crise económica. Os gestores devem estar cientes do que está a acontecer em toda a organização.

Para garantir isto, cada departamento reúne-se semanalmente para encerrar o trabalho da semana anterior e delinear as tarefas da semana seguinte. Todas as semanas, toda a equipa de gestão se reúne para uma actualização do estado. Cada supervisor conhece a carga de trabalho actual, os prazos, o fluxo de trabalho e as perspectivas de rentabilidade. Não são permitidas adivinhações.

"Cada indivíduo está ciente do estatuto de toda a organização, e cada supervisor está ciente das responsabilidades de cada membro da secção. Cada gestor e supervisor está ciente do que cada indivíduo de cada área deverá realizar e do que cada pessoa gera no final do dia. Isto cobre quanto rendimento cada indivíduo gerou e se foi suficiente. Bolton afirma: "É desdobrado como um jogo".

"Esta pergunta também se aplica a indivíduos. É tudo sobre a vitória", afirma Bolton. Quando se trata de promoções e aumentos salariais, o desempenho passado de uma pessoa é essencial. Em última análise, a questão é se ganhámos ou perdemos como equipa."

Estratégia 2: Propostas.

As propostas são uma das funções de gestão mais significativas. Os membros da direcção mantêm um registo do número semanal de propostas enviadas e do número convertido em contratos. Todas as propostas que não resultaram num contrato são analisadas.

Além disso, eles rastreiam as receitas e despesas. A gerência estabelece objectivos mensais para o número de propostas. A gerência e os funcionários procuram diariamente novas perspectivas comerciais, resultando em propostas e contratos.

Estratégia 3: Finanças.

Durante uma recessão, as finanças são outra função de gestão que se reveste da maior importância. Para permanecer competitivo no mercado, uma empresa nunca deve ficar sem dinheiro. Existe uma política da empresa para assegurar que isto nunca ocorra: Nunca ficar sem dinheiro líquido.

Para que a política seja eficaz, aplique uma regra simples das páginas da história: Poupe pelo menos 10% dos seus ganhos. Bolton continuou: "Houve um par de momentos difíceis quando mergulhámos nos nossos fundos, mas acabámos por pagá-los de volta.

Preservamos a nossa almofada em todos os momentos. Se necessário, pedimos emprestado à corporação, mas pagamos sempre de volta. Nunca ficamos sem dinheiro". Nós pagamos atempadamente as nossas contas. Os pagamentos tardios implicam custos sob a forma de taxas de atraso e juros acumulados. Pagar sempre prontamente.

Um segundo componente do plano é manter um registo das receitas geradas e das despesas incorridas para cada contrato. A análise financeira não precisa de ser uma ciência de foguetes, mas devemos conduzi-la.

A terceira componente da abordagem é determinar o montante das receitas geradas tradicionalmente em cada mês. Para o conseguir, mantemos o registo das receitas de cada mês nos três anos anteriores num gráfico.

A média de três anos é uma componente essencial do orçamento e um instrumento de medição. É útil na estimativa das necessidades de rendimento para os próximos meses. Acrescentamos um aumento percentual à média de cada mês para a fixação de objectivos. Estes números servem como pontos de referência de gestão.

Estratégia 4: Expandir a sua base.

Mike Bartholomew, vice-presidente de operações, foi acrescentado como novo executivo. "Além disso, a nossa clientela é tão diversa quanto possível. Descobrimos que ter um grande número de clientes mais pequenos ajuda-nos a manter um fluxo de receitas mais consistente durante as crises económicas, em comparação com trabalhar com um punhado de grandes clientes."

Estratégia 5: Planeamento.

O planeamento é outra abordagem para combater a recessão. As empresas inovadoras planeiam consistentemente, e o nosso plano é sempre responsável pela probabilidade de recessão económica. Recessões e outras potenciais situações pegajosas são abrangidas pelo plano de E se? Além disso, o plano inclui soluções para estas situações.

Uma vez por ano, os planos de marketing e de negócios são revistos e actualizados, e trimestralmente, a gerência faz uma revisão ou análise. Após a avaliação, a estratégia avança para o trimestre seguinte. Observar figura

O procedimento em quatro etapas começa com a investigação.

A seguir vem o planeamento, depois a implementação e, finalmente, a análise. O ciclo recomeça então com o próximo trimestre. O processo nunca cessa, e a gestão é constantemente notificada sempre que algo começa a correr mal.

Estratégia 6: Licenças de software de pooling.

A utilização de pooling de licenças de software é um método intrigante para poupar dinheiro. Isto é conseguido mantendo um pool de licenças de AutoCAD baseadas em servidores que podem ser verificadas conforme necessário. Isto elimina um conjunto para cada computador, uma vez que alguns utilizam ocasionalmente a aplicação. Isto permite que o negócio funcione com menos licenças, poupando assim dinheiro.

Estratégia 7: Manutenção/Actualizações de equipamento.

O equipamento é essencial para o sucesso de qualquer empresa de topografia ou engenharia. Entre as medidas de redução de custos em vigor em Biscayne está a utilização de tecnologia. A organização actualiza continuamente o seu equipamento de campo e de escritório, conforme as necessidades.

A manutenção mensal do computador é muito menos dispendiosa do que a substituição do computador de três em três anos. Um computador pode sobreviver dois a três anos mais do que o habitual com uma manutenção adequada.

A manutenção dos veículos é essencial, uma vez que prolonga a vida útil dos automóveis, que constituem um dos principais activos de uma empresa. A compra de combustível ao preço mais baixo possível aumenta a poupança - permite a manutenção de vários postos de trabalho na mesma vizinhança.

Isto inibe as viagens de regresso ao escritório e às áreas de trabalho. A manutenção estende-se ao pessoal. A manutenção da saúde dos empregados é essencial para uma produção ininterrupta. A organização apoia uma vida saudável e um físico anual. Os empregados que perdem peso e deixam de fumar são recompensados.

Estratégia 8: Pequenos detalhes.

Mesmo acções menores, tais como apagar as luzes em locais de trabalho abandonados ou subutilizados, contribuem para o controlo de custos. A compra de grandes quantidades de fornecimentos poupa mensalmente gás e reduz as despesas devido ao desconto de volume. A corporação emprega segurança de campo armada para reduzir e eliminar custos causados por furtos em locais de trabalho.

Estratégia 9: Pessoal.

O programa de Desenvolvimento da Diversidade em Biscayne Engineering atravessa os técnicos para que estes possam mudar de função, evitando a exigência de um segundo empregado. Este método é ilustrado por um técnico de scanner laser que traduz os dados de campo e os processa no escritório.

A adição de apenas pessoas com conhecimentos e experiência é um método diferente de redução de custos humanos que melhora a qualidade do serviço. As actuais condições de emprego proporcionam um grande número de profissionais qualificados. A estratégia de pôr dinheiro de lado entra aqui em jogo de forma favorável. Em Biscayne, os despedimentos são um último recurso e nunca afectam a qualidade do serviço.

Estratégia 10: Marketing.

A comercialização da Biscayne Engineering continua apesar da recorrência de uma recessão, o que é uma ocorrência aceite. "Segundo Mike Bartholomew, vice-presidente de operações, "sentimos que a equipa de gestão lidera e envolve todos os funcionários na campanha de marketing".

Isto inclui a definição de objectivos e o acompanhamento do nosso progresso em direcção a cada objectivo. Implica estarmos atentos às nossas despesas e retorno do investimento. Implica também lançar novos serviços e melhorar os já existentes".

Bolton continuou, "Muitas empresas abandonam as suas estratégias de marketing durante tempos económicos difíceis. Isto é um erro. Elas retiram-se do mercado, permitindo que outros concorrentes tomem o seu lugar. Nós vemos o marketing de forma algo diferente.

Não o encaramos como o veículo de vendas da empresa. Invertido, vemos os nossos serviços como veículos para os nossos esforços de marketing para a aquisição de novos clientes. Isto coloca efectivamente o marketing à frente de tudo o resto, como deveria ser durante uma recessão. Anunciamo-nos a si próprios constantemente."

Estratégia 11: Trabalho em rede.

Bartholomew mencionou que o trabalho em rede faz parte do esforço de marketing. Através do trabalho em rede, adquirimos muitos novos clientes. Desde o início da crise, o trabalho em rede tornou-se uma actividade muito mais vital. Bartholomew afirmou: "Sempre estabelecemos redes, mas agora é essencial".

A ligação em rede e a adesão a organizações são duas das melhores estratégias para impulsionar um negócio. O trabalho em rede é extraordinariamente rentável, e as quotas anuais para aderir a grupos situam-se frequentemente entre os duzentos e os trezentos dólares.

Câmaras de negócios, grupos sociais, clubes desportivos, clubes cívicos, e organizações de caridade como a United Way, Easter Seals, e a American Cancer Society são boas oportunidades para o trabalho em rede e serviço comunitário. Junte-se a qualquer uma destas organizações com a intenção de contribuir em vez de receber. Uma transacção comercial bem sucedida produz um forte retorno do investimento.

Saber que um evento de networking não é um tiro de peru é a componente mais essencial do networking. Em vez disso, é uma oportunidade para conhecer novas pessoas, familiarizar-se com elas, e estabelecer amizades e confiança.

A transacção pode ocorrer mais tarde, ou pode nunca acontecer. Por conseguinte, é necessária uma rede extensa. Construa e mantenha a sua rede e utilize todas as oportunidades para recrutar novos membros, incluindo a linha de checkout da mercearia. Eventualmente, as pessoas da sua rede irão gerar novos negócios substanciais para si. No entanto, deve dar para receber.

Estratégia 12: Expansão.

Este é um bom momento para as empresas com finanças disponíveis ou acesso a fundos considerarem a expansão. Algumas empresas estão a encerrar, enquanto outras ficaram sem fundos; estas empresas são uma fonte valiosa de novos negócios. Biscayne Engineering adquiriu recentemente muitos especialistas de uma empresa no condado de Miami-Dade cujo proprietário faleceu.

A não ser que esteja preparado para se atirar a toalha, estas tácticas podem ajudá-lo a sobreviver à recessão e a entrar numa mentalidade de sucesso que lhe permitirá ganhar mais dinheiro e alcançar mais independência financeira. Pode levar tempo, mas é possível.

Capítulo 5: Formas de mudar o momento.

Quando os tempos são bons, somos inconscientemente levados pelo impulso dos bons tempos. Durante estes períodos prósperos, cavalga-se nas ondas. Pode concentrar o seu pensamento consciente em frutos baixos, acções tácticas, e nas tremendas oportunidades disponíveis no mercado para gerar resultados positivos e avançar.

No entanto, quando os tempos são maus, cavalgará inconscientemente o ímpeto desses tempos pobres. A menos que faça um grande esforço para mudar a sua dinâmica, os próximos meses ou anos serão uma aventura e tanto. Actualmente, a insanidade pode ser descrita como "fazer o mesmo que se fez nos bons tempos e esperar os mesmos resultados nos maus tempos!"

Portanto, quais são os principais instrumentos de mudança de dinâmica à sua disposição durante estes tempos difíceis?

Lamentai a vossa perda.

Demore pouco tempo a lamentar a passagem dos tempos prósperos para que nada, consciente ou inconscientemente, o impeça de avançar. O apego ao passado próspero só o pode levar a ser pessimista em relação ao presente. Cada geração suporta múltiplos períodos de sucesso e desafios. Este é um dos períodos difíceis em que temos de sobreviver neste dom a que chamamos vida.

Mudar a esperança inactiva para a esperança activa.

A Esperança Passiva é um passo inicial essencial no caminho para lugares melhores. Com a sua campanha presidencial e as suas mensagens, Barack Obama ajudou muitos indivíduos a dar este primeiro passo mental. No entanto, com base nas minhas observações de Barrack Obama, posso garantir que ele nunca pretendeu que nós aspirássemos passivamente a um futuro melhor. Muitas outras acções são necessárias para transformar a esperança passiva em esperança activa.

Ponto de vista pessoal.

Já descrevi como vejo desporto tanto para prazer como para educação. Durante a época do futebol universitário, observámos um exemplo excepcional de um indivíduo a tomar uma posição, o que resultou em resultados notáveis. Tim Tebow, quarterback da Universidade da Florida, falou numa conferência de imprensa no dia 27 de Setembro de 2008, na sequência da derrota da época solitária dos Gators para Ole Miss.

Manifestou o seu pesar, prometeu esforços melhorados e concentrados, e desejou felicidades a todos. O resultado desta posição pública foi um campeonato nacional de futebol universitário para os Gators da Flórida.

Compreender os seus pontos fortes e maximizar os seus efeitos.

Os indivíduos bem sucedidos concentram-se nos seus pontos fortes. Quando os tempos são difíceis, não há lugar para erros. Portanto, não se pode dar ao luxo de gastar tempo, dinheiro, ou recursos em iniciativas, projectos, ou tarefas que não correspondam aos seus pontos fortes. Crie hoje um Plano de Acção para Activação dos Pontos Fortes!

Pare de fazer uma actividade que não seja um dos seus pontos fortes todas as semanas. Invista o seu tempo, esforço, e recursos numa das suas competências. Defina um prazo para aumentar a activação dos seus pontos fortes em 5%. Continuem a perseguir este objectivo. Atinja-o, depois fixe-o novamente. 70% a 80% do seu tempo, energia, e finanças devem ser gastos nos seus pontos fortes.

Reavalie as necessidades do seu mercado.

Os produtos e serviços de maior sucesso oferecem mais do que apenas vantagens práticas. Servem clientes ou clientes com exigências mais profundas, mais emocionais. A actual recessão económica provavelmente mudou as exigências emocionais dos seus clientes ou consumidores. Seria melhor se reavaliasse as necessidades do seu mercado para ver como pode aplicar as suas capacidades para satisfazer as necessidades do mercado em mudança.

As pessoas geralmente apoiam empresas e fornecedores de serviços que conhecem, como, e confiam nelas. Mantêm-se mais firmes em tempos difíceis. Encontre formas de se posicionar para ir além e acima, e irá manter e fazer crescer o seu negócio.

Considerar possibilidades de promoção estratégica.

Os limites oferecem foco e estimulam a criatividade. As inovações bem sucedidas raramente são o resultado de ponderação aleatória. Ajuda a mente a tornar-se mais aberta às ideias, mas as invenções mais bem sucedidas ocorrem quando as pessoas lidam com os limites opostos da situação. Deve redefinir o seu ambiente competitivo para descobrir oportunidades ocultas. Depois, é preciso determinar como testar pequenos projectos para investigar estas oportunidades.

Avalie as suas práticas de gestão de energia.

O carácter do trabalho evoluiu. A maior parte do trabalho já não é gerida de forma adequada apenas pela utilização eficiente e eficaz do tempo. Assim como a velocidade e a influência do mercado. Para ter sucesso, é preciso ter estratégias para controlar a sua energia e a da sua organização. Participar periodicamente no processo de avanço estratégico.

Redefinir a excelência da execução e desenvolver sessões mais concentradas, diárias e de alta qualidade. Finalmente, permita-se intervalos regulares de descanso. Jack Welch afirmou frequentemente que tinha as suas melhores ideias quando estava de férias! Tenha fé que a recuperação recorrente o beneficiará se se empenhar no avanço estratégico e na qualidade de execução.

Alimentar a sua mente frequentemente com mensagens particulares.

Isto é importante quando se ouvem as notícias de tempos difíceis por parte dos meios de comunicação social. Além disso, não se tenta evitá-las, é provável que se tenha mais conversas com um tom negativo durante os tempos difíceis. Na medida do possível, alimente proactivamente a sua mente com afirmações positivas e informação saudável. Incorpore-a na sua rotina!

Será arrastado para o vórtice da negatividade que envolve a nossa actual recessão se não tentar conscientemente mudar o seu ímpeto. Se utilizadas, as oito estratégias de mudança de ímpeto acima delineadas irão gerar um novo e positivo ímpeto para si.

Por favor, retire imediatamente o seu planeador e implemente pelo menos uma delas em cada um dos próximos trinta dias. Pode ficar chocado com o quão diferente será a sua vida após trinta dias.

Capítulo 6: Reduza os custos e aumente os lucros durante uma recessão, movendo o seu negócio online.

Durante a recessão mundial de 2008-2009, as empresas estão a fechar as suas portas a um ritmo alarmante.

O princípio da "sobrevivência do mais apto" de Darwin está vivo e de boa saúde. As empresas que não conseguem adaptar-se ao ambiente económico em constante mudança perecem. Podem beneficiar do facto de muitos dos seus concorrentes estarem a desistir e a atirar a toalha ao chão. Durante estes tempos difíceis, deve fazer um grande esforço e considerar a redução de despesas operacionais excessivas.

Durante a actual corrida ao ouro na Internet, alguns astuciosos empresários estão à procura de oportunidades online para capitalizar os seus árduos conhecimentos. Infelizmente, muitos podem descobrir que são como crianças numa nação de adultos. As tecnologias e tácticas de marketing na Internet não podem ser aprendidas num mês ou mesmo num ano; é um processo contínuo que requer uma atenção ambiciosa.

Devido ao baixo custo de iniciar e manter um negócio na Internet, há normalmente muita concorrência. Apenas os concorrentes mais aptos sobreviverão e crescerão em linha. Felizmente para si, o empresário motivado e ambicioso, a maioria dos seus concorrentes será laxista nos seus esforços de marketing, inepto no acompanhamento do cliente, e culpado de muitos outros crimes empresariais.

Poderá prosperar e sobreviver online se for um concorrente mais apto. Este não é o momento para ser ambíguo quanto aos seus objectivos; o negócio é ganhar dinheiro, e deve ser agressivo e tenaz nestes tempos difíceis.

Ao estabelecer o seu negócio online com uma mentalidade pró-activa, adquirirá mais conhecimentos e experiência em marketing online eficiente do que a sua concorrência mais fraca. Quando as condições económicas melhorarem, os seus lucros irão disparar porque os seus excelentes alicerces e trabalho árduo para o estabelecer serão evidentes para novos clientes.

Actualmente é o momento ideal para posicionar a sua organização como líder de mercado. É também um excelente momento para lançar um negócio em linha totalmente novo. Não importa se nunca teve um negócio antes ou se pretende criar um negócio totalmente diferente da sua operação offline. Não é a forma como tem vivido a sua vida, as probabilidades são incrivelmente altas de ter conhecimentos e experiência que possam ser aplicados para ganhar dinheiro.

Considere o caso em que é um técnico de reparação de calçado. Costumava ser carpinteiro mas aborreci-me com as longas horas e o trabalho físico, por isso compreendi a perspectiva do comerciante e decidi procurar um trabalho diferente online. Não se pode oferecer eficientemente a reparação de sapatos online.

Pode-se vender materiais, um livro, ou um vídeo sobre como dominar a habilidade. Ainda assim, para ganhar dinheiro significativo online, tem de se reinventar como empresário e ajustar a sua mentalidade em conformidade.

Existem muitas oportunidades para ganhar dinheiro online. Poderá começar a vender um item online, mas mais tarde decidir que quer fazer algo mais rentável, como gerar pistas e realizar vendas por telefone. Escolher uma linha de acção pode ser bastante difícil, mas deve escolher qualquer coisa e ficar com ela até compreender como a vender online, após o que pode aplicar o que aprendeu a outros empreendimentos.

Em geral, as formas mais lucrativas de gerar dinheiro em linha necessitam de proficiência técnica como comerciante ou de um desejo de telefonar a potenciais clientes. Se tiver algo de valor a dar, beneficiará de ser acessível e acessível a potenciais clientes.

A Internet é apenas mais uma via para se envolver com as pessoas, não um meio para se esconder dos clientes e restringir o envolvimento. Quanto mais acessível for o seu marketing, mais negócios na Internet poderá receber.

Capítulo 7: Assumir o controlo dos seus negócios em tempos incertos.

As pessoas estão ansiosamente conscientes das imensas questões globais, domésticas e pessoais que enfrentamos em todo o lado: jornais, revistas, televisão, e blogues. Muito tem sido escrito sobre a escuridão e a tristeza com que todos nós nos confrontamos. As pessoas enfrentam stress em todas as facetas da sua vida, e nós construímos uma ênfase nacional na "crise".

Apesar de tudo, há um fio de esperança subjacente. Como as instituições e organizações falham, são desconstruídas, ou obrigadas a reformar, surgem possibilidades que podem criar novas e melhores oportunidades. Sob a superfície do medo está uma base sólida de experiência "pode fazer".

Emergem uma mensagem de "sim, nós podemos" e crescem áreas de possibilidade ligadas à acção. Intelectualmente, estamos conscientes de que mesmo os piores momentos são cíclicos e que os mais baixos acabam por dar lugar a novos períodos de expansão.

Andrew Carnegie estabeleceu a sua fábrica de aço durante o início da recessão de 1873, e a IBM introduziu o computador pessoal durante a recessão de 1981, tal como evidenciado pela história.

As preocupações mais críticas na mente de todos são:

- O que posso fazer para prosperar, e não apenas sobreviver, durante este período?

- Que medidas posso tomar para me posicionar para a próxima reviravolta?

O primeiro passo é colocar as pessoas adequadas no autocarro. Nestes tempos difíceis, muitos indivíduos estão sem dúvida a tentar embarcar no autocarro correcto que proporciona segurança e abrigo contra a tempestade que se aproxima.

Sim, alguns indivíduos estão contentes por esperar pelo autocarro enquanto esperam desesperadamente embarcar num autocarro decente.

Outros, contudo, não se contentam em esperar; não têm qualquer interesse em ser salvos. Procuram a posição do motorista. Desejam determinar a rota e operar o autocarro; esta página é para os condutores.

Condutores com a autoconfiança e determinação de escolher a rota, superar obstáculos e incutir uma sensação de segurança e confiança nos seus passageiros. Avançam com confiança e determinação, concentrados no que será, e não no que poderá ter sido.

A Nielsen descobriu que as empresas que mantiveram ou aumentaram as suas actividades de marketing e vendas ao longo da década de 1980 registaram uma taxa de crescimento de 275% cinco anos após a recessão. Aqueles que reduziram as suas despesas viram apenas um aumento de 19% ao longo do mesmo período.

Os motoristas são obrigados a manter ambas as mãos no volante em períodos difíceis. Um levantamento da literatura sobre como prosperar em tempos tempestuosos indica que a intensidade da gestão implica "excelente gestão de dinheiro" e "melhoria do desempenho" (eliminando actividades sem valor acrescentado). No entanto, poder-se-ia argumentar que estas técnicas já deveriam estar generalizadas.

O envolvimento dos empregados é uma das competências essenciais para aprender a florescer em tempos difíceis. Em vez de os abandonar como uma responsabilidade, utilizar o seu capital intelectual e conhecimentos operacionais para descobrir os métodos mais eficientes para gerir o fluxo de caixa e remover o desperdício.

Por outras palavras, evitar tratá-los como simples espectadores e, em vez disso, enfatizar que eles têm um interesse no resultado. Além disso, podem contribuir com valor, contribuindo com as suas perspectivas distintas e recursos intelectuais.

A Pfizer reduziu as ineficiências ao dividir os seus departamentos de investigação e de negócios em equipas mais pequenas, concedendo-lhes maior responsabilidade e propriedade sobre o seu trabalho e produtos. A infusão destes "genes empresariais" nas suas equipas resultou no aumento da criatividade e invenção e na melhoria da produção e do moral.

Como qualquer outra circunstância na vida, o sucesso é o produto da forma como percebemos as coisas. Tudo o que existe começou como uma ideia que se manifestou em acção.

Encontramos dois campos à medida que discutimos o cenário actual com colegas de trabalho, clientes e proprietários de empresas.

Existem dois grupos: "bater as escotilhas" e "ser cautelosamente pró-activos". Identificamos os seguintes pontos em comum entre indivíduos proactivos:

1. Trabalho do Interior para o Exterior.
2. Estabelecer Parcerias Estratégicas.
3. Ser activo em oposição a passivo.

1. Trabalhar a partir do interior para o exterior.

O que pensa, individual ou colectivamente, influencia o seu estado emocional, uma vez que as suas emoções determinam o seu comportamento. Ao concentrar-se na gestão proactiva do seu "estado mental" ou das suas atitudes, pode influenciar favoravelmente os resultados que obtém. Além disso, como líder, a sua capacidade de projectar uma atitude de gratidão e abundância é um exemplo a ser seguido por outros.

Como líderes, tem uma opção diária, momento a momento, para motivar ou desmoralizar os indivíduos em que confia para executar a sua visão. Utilize estas ocasiões de forma sensata.

2. Alianças estratégicas.

Desenvolver parcerias estratégicas com organizações e pessoas que partilham os valores e objectivos da sua organização. Na cultura ocidental, o Lone Ranger, Michael Jordan, e o Super-Homem são romantizados; no entanto, cada um deles tinha pelo menos dois ajudantes.

Diversidade e interconectividade são as fontes de inovação. Alianças que encorajam a colaboração geram oportunidades de aumentar a sua esfera de influência ou de fornecer conhecimentos valiosos sobre situações familiares.

A cooperação e a inovação são muito mais propícias ao sucesso do que o esforço individual e a competição "o vencedor leva tudo".

Antes de morrer, Studs Turkel observou que dois factores ajudaram as pessoas a sobreviver à Grande Depressão: o optimismo e a ajuda mútua. Em circunstâncias difíceis, a qualidade das pessoas à sua volta é vital, por isso assegure-se de que o autocarro contém os passageiros adequados.

3. Envolver-se em actividades.

Quando as coisas se tornam difíceis, é demasiado fácil ficar paralisado pela indecisão; no entanto, agora é o momento da decisão. Desenvolva um enfoque positivo e cristalino, comunique as suas crenças e objectivos com os outros, desenvolva uma estratégia e execute-a. A acção converte os nossos desejos em resultados.

Steve Jobs, CEO da Apple, declarou o seguinte: "Quando a bolha ponto-com rebentou, prometi à minha empresa que investiríamos no nosso caminho através da recessão em vez de despedirmos os funcionários que tínhamos trabalhado tanto para recrutar para a Apple em primeiro lugar e manteremos o financiamento para que, quando a recessão acabar, estejamos à frente dos nossos concorrentes.

Foi o que fizemos. Isto é o que vamos conseguir desta vez". A Apple continua a introduzir novos produtos enquanto outras empresas anunciam despedimentos.

Ao rever os conselhos dos "especialistas", "apertar o cinto de segurança" e "apertar o cinto de segurança" são os temas predominantes. À primeira vista, isto parece fazer uma lógica razoável.

No entanto, duas questões surgem a partir desta teoria. Uma é que quando chega a altura de crescimento e expansão, é um desafio passar de uma mentalidade de "segurar o forte" para uma mentalidade de crescimento e expansão.

A segunda é que, enquanto se está a acelerar, os concorrentes que deram prioridade à cultura organizacional, eficiência e inovação estarão bem à sua frente ao conquistar quota de mercado e trazer novos produtos e serviços aos seus (e a muitos dos seus "antigos" clientes) consumidores.

Embora não sejamos economistas, concordamos com o Professor Sean Snaith da Universidade do Sul da Flórida, tal como declarado pela Associated Press: "Se sobrestimar o lado negativo e despedir trabalhadores, a empresa estará em desvantagem quando a economia recuperar". Recrutar, escolher, e contratar novos trabalhadores pode ser mais caro do que preservar o seu património intelectual.

É tempo de embarcar no autocarro para o futuro, e não de esperar pela tempestade. Se esperar até condições favoráveis para agir, pode descobrir que o autocarro já partiu sem si. Mais ainda, é tempo de tomar o controlo e dar o tom, cultivando atitudes internas de gratidão e abundância, desenvolvendo alianças que facilitem o seu movimento em direcção ao futuro desejado, e agindo imediatamente.

Capítulo 8: Como a publicidade pode aumentar o seu lucro durante uma recessão.

Durante uma recessão, é comum que os gestores de marketing hesitem antes de aumentarem as despesas de publicidade. São esperados cortes orçamentais. Porquê investir dólares em publicidade se ninguém compra? Estamos a viver tempos económicos difíceis. Os Estados Unidos sofreram nove recessões desde a Segunda Guerra Mundial.

Cinco destas recessões ocorreram entre 1980 e 2009. Por mais negativo que isto possa parecer, há um lado positivo: os consumidores gastam normalmente 9% mais no final de uma recessão do que no início. Embora tecnicamente não estejamos numa recessão, as perspectivas de poupar dinheiro são mais propensas a mudar de marca quando as finanças apertam.

Centenas de pesquisas indicaram que manter ou aumentar a publicidade durante as fases de recessão económica é vantajoso para os comerciantes. Isto parece contra-intuitivo, mas a investigação conduzida já nos anos 20 confirma-o. Em contraste, as empresas que reduzem a publicidade durante estes tempos enfrentam tipicamente um declínio nas vendas. Alguns exemplos:

- Duzentas empresas foram monitorizadas durante a recessão de 1923. De acordo com a Harvard Business Review, as organizações que mais promoveram ao longo desse período experimentaram o crescimento mais significativo das vendas.

- Durante as recessões de 1948-1949, 1953-1954, 1957-1958, e 1960-1961, a Buchen Advertising monitorizou a correlação entre os gastos em publicidade e os padrões de vendas. Os investigadores descobriram que aqueles que reduziram os seus gastos em publicidade sofreram uma redução nas receitas.

Quando a recessão terminou, estas empresas ficaram atrás dos seus rivais, que tinham mantido os seus orçamentos de publicidade.

- Durante a década de 1980, a McGraw Hill Research analisou 600 empresas B2B. As empresas que mantiveram ou impulsionaram a publicidade durante as recessões de 1980 e 1981-82 tiveram um forte crescimento durante e nos três anos que se seguiram.

Em 1985, estas empresas tinham crescido mais 256% do que aquelas que não tinham mantido os seus orçamentos para publicidade! Da mesma forma, o Centro de Investigação e Desenvolvimento descobriu que os anunciantes agressivos cresceram a quota de mercado 4,5 vezes mais rapidamente do que aqueles que baixaram os gastos com publicidade durante a recuperação pós-recessão.

- Em 2003, os Professores Kristina Franberger e Roger Graham avaliaram 2.662 empresas sob a égide do Instituto de Ciências de Marketing. Descobriram que despesas publicitárias mais significativas durante uma recessão não só funcionam como também contribuem para o desempenho financeiro até três anos após a conclusão da crise.

Subpar a qualidade do produto ou serviço ou comunicações de marketing ineficazes anularão quaisquer melhorias. Assim, para ajudar a sua empresa a prosperar durante a recessão do mercado:

- Expandir ou, no mínimo, sustentar a sua campanha publicitária. Se os seus concorrentes reduzirem os seus esforços, a sua mensagem irá destacar-se mais.

- Mantenha o frescor do seu website e assegure-se de que os seus produtos e serviços estão actualizados.

- Empregar a Optimização dos motores de busca para melhorar a classificação dos motores de busca

- Utilize oportunidades de marketing social para expandir a sua presença na Internet.

- Não faça cortes nas despesas criativas e de produção. Lembre-se de que a sua imagem se reflecte nos valores de produção do seu anúncio.

- Desenvolva um plano de marketing com a sua agência para evitar o desperdício de dinheiro publicitário.

- Preserve e afie a imagem e a mensagem da sua marca. Todos os meios devem funcionar em sinergia para proporcionar um efeito cumulativo.

- Agora pode ser um excelente momento para capitalizar a redução dos preços dos anúncios, permitindo uma frequência e exposição mais significativas.

Manter a sua presença e fomentar as relações com clientes e potenciais clientes requer que continue a contactá-los. Se não o fizer, os concorrentes continuarão a contactá-los.

Durante as crises económicas, faz sentido para a sua empresa expandir os seus esforços publicitários. Considere o assunto cuidadosamente. Daria instruções à sua equipa de vendas para permanecer em casa durante um declínio nas vendas? Claro que não. Instá-los-ia a construir novos negócios, trabalhando de forma mais árdua e inteligente.

Capítulo 9: Como aumentar os seus rendimentos através do Network Marketing mesmo durante uma Recessão.

A recessão tem prejudicado as organizações de marketing de rede e outras empresas domiciliárias. Isto é verdade porque o número de oportunidades disponíveis diminuiu, e os mercados existentes tornaram-se sobre-saturados e competitivos.

Isto enfatiza o significado do desenvolvimento de uma marca empresarial dinâmica para continuar a operar em linha. Se encontrar o plano de marketing de rede perfeito, a sua organização poderá ser capaz de captar uma parte mais significativa do mercado enquanto os concorrentes são obrigados a reduzir os seus esforços.

A marca como um método.

Já se pode estar consciente do significado da marca de uma empresa. É assim que a sua empresa se pode distinguir dos seus rivais. Uma marca é constituída por vários componentes ou qualidades que os clientes e potenciais clientes associam a si.

Estes atributos podem ser benéficos ou prejudiciais e afectar o volume de vendas da sua empresa. A marca não é frequentemente a primeira abordagem de marketing que os marqueteiros consideram, mas é essencial se quiser ter sucesso durante uma recessão.

Características essenciais da sua marca.

A sua marca deve inspirar os clientes. Se não conseguir captar o seu interesse e imaginação, não terá sucesso. Também desperdiça dólares de marketing. Deve compreender como a sua marca irá satisfazer as necessidades dos clientes ou como irá superar os concorrentes e alcançar o sucesso.

Seria melhor se tivesse uma marca distinta e fácil de explicar. Se lhes puder demonstrar como a sua marca é única e porque devem fazer negócios consigo e não com um concorrente, então terá algo.

Lembre-se da importância de desenvolver uma proposta de venda única (USP) porque ela determina esta qualidade. Deve também acentuar o apelo do seu produto ou empresa e apresentá-lo da forma mais favorável possível.

A confiança é vital para boas relações de venda com potenciais clientes e clientes. Quer que eles se sintam à vontade. Caso contrário, podem partir. A recessão tornou os clientes consideravelmente mais temerosos e apreensivos do que no passado. Eles estão mais preocupados com a forma e localização das suas despesas.

Se conseguir ser sincero e pessoal nas suas interacções, terá mais sucesso do que se utilizasse a abordagem de venda difícil. Mantenha a sua marca relevante. Se conseguir demonstrar a relevância da sua marca para a vida do cliente, poderá ultrapassar dificuldades tais como restrições financeiras e influências culturais específicas.

Utilizando a marca como uma abordagem de marketing de rede, pode aumentar a eficácia da sua empresa no actual clima económico. É uma das muitas medidas que podem ser tomadas para tornar a sua empresa mais robusta.

Pode adaptar-se às mudanças do mercado de forma mais eficaz através da pesquisa da condição económica. Os seus esforços de marketing de rede podem florescer se dedicar tempo a agir de forma inteligente.

Aprender sobre a mais avançada técnica de marketing de rede é um bom ponto de partida, mas há muito mais que precisa de saber para salvaguardar o seu futuro financeiro.

Capítulo 10: Utilize Teleseminários para a Recessão-Protecção da sua Empresa.

É espantoso quantas opções genuínas existem para ganhar dinheiro na Internet. Pode-se vender eBooks, eReports, serviços de coaching, teleseminários, e outros produtos digitais.

Os telesseminários são um dos meus favoritos (e mais lucrativos). Os telesseminários são essencialmente sessões de formação que são realizadas através de telefone ou webcast. Com o avanço da tecnologia, os teleeminários tornaram-se um dos métodos mais populares para a formação empresarial e promoção de produtos.

A vantagem mais significativa dos teleseminários é que os participantes não são obrigados a deslocar-se. Pode receber ou participar em teleeminários a partir de quase qualquer lugar, incluindo a sua casa, empresa, ou a meio mundo, e pode criar lucros substanciais.

Vantagens dos Teleseminários.

Não é necessário sair do seu escritório para participar numa sessão de formação. Ao contrário dos cursos de formação tradicionais em que o tempo de viagem teve de ser tido em conta, há uma perturbação mínima no seu dia. Na hora marcada, só precisa de estar em frente do seu telefone ou computador com uma ligação rápida e fiável à Internet (utilizando o Skype ou VOIP).

Como anteriormente referido, não é obrigado a viajar. Assim, tem tempo suficiente para realizar outras tarefas ou para se preparar para o telesseminário. A ansiedade associada à viagem e à chegada a tempo é eliminada.

Em comparação com outros meios de ensino ou publicidade de uma empresa, a despesa de organizar ou participar num telesseminário é excepcionalmente rentável.

Os teleseminários duram frequentemente entre 30 e 90 minutos. Isto significa que são incrivelmente direccionados, e que se pode obter muita informação imediatamente aplicável.

A maioria dos telesseminários inclui uma sessão de perguntas e respostas. Os participantes podem obter respostas rápidas a vários problemas que surgem numa situação de negócios. Aprende-se com as experiências de outros que armadilhas devem ser evitadas.

Participar num telesseminário em que o orador em destaque não se envolve e usa o jargão durante toda a chamada é um dos negativos mais significativos.

Capítulo 11: Estratégias de Marketing que se podem implementar quando em Recessão.

A recessão já "chegou" Como se sentem as empresas mais pequenas porque grandes retalhistas como Walmart, Target, e outros tiveram dificuldades? Actualmente, os proprietários de empresas estão compreensivelmente ansiosos, por isso que medidas devem tomar não só para sobreviver mas também para crescer numa actual recessão económica?

Como os meios de comunicação social continuam a relatar a situação das empresas, não posso deixar de pensar: A Recessão é o momento ideal para sobreviver e prosperar.

Não é nem um "problema" nem uma "catástrofe", mas sim uma oportunidade.

Portanto, como proprietário de uma empresa ou empresário, deve compreender que medidas deve tomar para garantir que capitaliza esta possibilidade.

Simples. REFORÇA os seus laços com os seus clientes ou consumidores.

Isto não é ciência de foguetes, no entanto, muitas empresas não o fazem ou fazem-no mal!

Desenvolver relações duradouras com os seus consumidores ou clientes através de uma comunicação consistente terá um impacto significativo no seu negócio e nos seus ganhos. Considere como pode fazer de cada transacção uma experiência agradável e memorável, onde pode fornecer ao seu consumidor ou cliente diferentes opções de compra e novas técnicas para o ajudar a decidir comprar de si.

Isto não é para argumentar que ninguém já o faz, mas muitas empresas não estão focadas no cliente.

Por exemplo, um dos meus primeiros negócios foi um revendedor simples baseado num website onde os clientes podiam comprar e encomendar coisas. Um fornecedor no back-end processaria então automaticamente a sua encomenda, tratando de tudo.

Eu comprometi-me com os meus clientes através de autoresponders de e-mail. Todo o processo decorria sem qualquer intervenção minha, mas o que fez mais diferença no aumento das vendas e receitas foi quando agradeci a cada um dos meus clientes pelas suas encomendas por telefone.

Telefonava mais uma vez para confirmar que o cliente estava satisfeito com os bens fornecidos. Estes telefonemas simples e breves de cortesia criaram uma impressão imediata nos consumidores e melhoraram imediatamente o seu valor vitalício para mim.

Tomar alguns minutos para telefonar a cada cliente foi um pequeno detalhe que acrescentei a um processo de compra já eficaz, mas sendo pró-activo.

Estar no comando influenciou muito o meu negócio e ajudou-me a destacar-me da concorrência.

As pessoas têm-me dito que não vale a pena fazer isto, mas verdadeiramente? Não vale a pena chamar alguém que lhe tenha pago uma soma substancial para expressar gratidão? Mesmo que esta técnica gere mais 1%, 5%, ou 10% das vendas dos consumidores que regressam, deve valer a pena. 10 Maneiras de Manter as Vendas e Expandir o Seu Negócio

Aqui estão alguns métodos de marketing que pode implementar imediatamente para proteger o seu negócio da recessão.

1. Comunique frequentemente com a sua base actual de clientes/clientes. Para que uma ligação comercial floresça, deve ser estabelecida uma comunicação constante.

Não pode esperar criar relações íntimas com aqueles que têm pouca interacção. Os seus melhores amigos são os melhores porque comunica mais com eles; o negócio não é diferente.

É essencial estabelecer uma relação com os seus clientes através de uma comunicação consistente. Ajude-os, faça-os sentir-se importantes, atenda às suas necessidades e faça o seu melhor para satisfazer as suas exigências.

Quando o fizer, eles conduzirão naturalmente negócios consigo.

Os clientes devem ser o foco das suas mensagens de vendas.

Manter um registo e analisar o que os seus clientes compram permitir-lhe-á personalizar as suas comunicações de acordo com as suas necessidades e preferências.

A Amazon é um exemplo ideal de um negócio centrado no cliente. Ao comprar um livro, é-lhe apresentado outros livros que os compradores anteriores do livro também compraram, e estou disposto a adivinhar que por vezes comprou mais livros do que esperava.

2. Aumente a sua eficácia de marketing para atrair novos clientes; Como contacta o seu público-alvo? Existem outros canais através dos quais possa chegar a potenciais clientes? Existem oportunidades; simplesmente identifique-as e capitalize sobre elas.

Se descobrir que um aspecto da sua abordagem de marketing é mais eficaz do que os outros, tal como quando gere um anúncio de jornal, concentre-se em maximizar a eficácia deste aspecto. Utilize esta vantagem para conseguir novos clientes.

3. Desenvolver parcerias de aliança. Esta estratégia é acessível e pode produzir resultados rápidos para a sua empresa. Muitos têm crescido tremendamente devido a acordos host-recipient com empresas em diversas regiões.

4. Solicite referências aos seus clientes. As referências produzem vendas, um método altamente

eficaz que muitas empresas não conseguem implementar.

Em algum momento da sua relação com o cliente, ofereça-lhes algo de valor quando referirem um colega ou amigo. Talvez um presente? Talvez um desconto monetário?

Não tem de se preocupar em pedir referências; desde que saiba que os seus clientes estão de facto satisfeitos com os seus serviços, eles estarão mais do que dispostos a recomendar-lhe. Nunca é um problema solicitar a opinião deles, pois sentir-se-ão honrados por o senhor valorizar a sua opinião.

Então, como é que pergunta? Simples. Informe-os de que está a expandir-se e que pode acomodar outros negócios. Antes de fazer publicidade para novos consumidores, ofereceu a sua disponibilidade aos amigos e colegas de trabalho da sua clientela actual, como cortesia.

Depois, instrua-os a contactá-lo se conhecerem alguém que possa beneficiar do seu elevado nível de serviço e atenção personalizada. Como gesto de apreço pela sua recomendação, ofereça-lhes um incentivo demonstrando-lhes o quanto os respeita.

Acolher um evento exclusivo de interesse para o seu mercado-alvo onde verão imediatamente o valor.

Independentemente do tipo de negócio, existem inúmeras oportunidades de planear um evento especial para atrair novos consumidores.

Se a empresa tiver um produto que possa ser demonstrado, este deve ser mostrado. Caso contrário, deve ser disponibilizado para visualização. Se algo for testável, permitir que os potenciais clientes o experimentem.

Está enganado se acredita que organizar um evento para o seu negócio é impossível. Deve ter alguma previsão e desenvolver um conceito original para promover a sua empresa num evento. Desenvolva a sua imaginação e conjugue algo que o potencial cliente considere fascinante e valioso.

5. Obtenha listas de endereços de contactos qualificados: Pode estabelecer rapidamente uma base de dados de clientes e aumentar as vendas se tiver acesso a potenciais clientes em potencial.

Por exemplo, um dos meus clientes é um terapeuta de cura natural. Dei-lhe instruções para enviar uma mensagem a uma mailing list de "potenciais clientes em potencial" que tenham adquirido tratamentos semelhantes no ano anterior. Na carta, ela convidou-os para uma noite livre onde poderiam experimentar os vários tratamentos.

Depois, cada participante recebeu um voucher para uma sessão com desconto e um tratamento complementar de 10 minutos. Podiam utilizar este desconto imediatamente após a sessão gratuita, ou podiam marcar uma consulta para uma data posterior. Responderam positivamente, e uma percentagem significativa deles tornou-se cliente regular para o meu cliente.

6. Ofereça aos seus consumidores diferentes métodos de pagamento: Permitirá aos seus clientes gerir as suas finanças, permitindo-lhes pagar durante um número pré-determinado de semanas ou meses. Poderá antecipar um aumento em resposta a estas condições de pagamento de bilhetes caros. É também um método para receber pagamentos recorrentes.

7. Eliminar o perigo, oferecendo uma garantia de "compra de volta"; Quando os consumidores gastam o seu dinheiro arduamente ganho, particularmente em montantes significativos, receiam perdê-lo, especialmente no actual contexto económico.

Por conseguinte, deve reduzir a sua preocupação, oferecendo uma garantia de devolução do dinheiro.

8. Teste. Teste. Testar. Testar novamente. Testar um pouco mais. Também, falei em testar?

Muitas organizações executam as suas iniciativas de marketing sob a falsa impressão de que sabem o que estão a fazer enquanto não fazem a menor ideia. Podem gastar centenas ou milhares de libras em marketing, mas é difícil determinar o que funciona e o que não funciona se não seguirem e não testarem as consequências de cada movimento.

Todas as empresas devem examinar a eficácia de cada aspecto da sua campanha de marketing, incluindo manchetes, panfletos, ofertas especiais, opções de pagamento e garantias.

Os testes irão optimizar o desempenho da sua empresa. Os clientes informarão se algo é eficaz ou não, com base na sua resposta.

Capítulo 12: Transformação de Passivos em Activos.

11 meses após a anterior recessão, quando finalmente foi reconhecida, muitas empresas e indivíduos mudaram o seu foco de expansão para a sobrevivência. Esta foi uma mudança necessária, mas ficou muito aquém do que era necessário para ter sucesso nestes tempos desafiantes.

Cada empresa e indivíduo deveria ter-se concentrado intensamente em reformas drásticas e radicais para assegurar a sua sobrevivência durante os próximos um a três anos, redefinindo simultaneamente os seus modelos empresariais organizacionais, pessoais e familiares!

Estará melhor quanto mais cedo abandonar a suposição de que o mundo acabará por regressar à normalidade (o anterior). O mundo está a sofrer uma profunda transformação, assim como o seu modo de vida.

Devido a indivíduos corrompidos pela ganância, já não podemos confiar nos nossos patrões para gerir empresas lucrativas que forneçam valor a curto e longo prazo ao mercado sem tomar decisões muito más.

Também não podemos contar com os nossos vizinhos para viver dentro das suas possibilidades sem sucumbir às atitudes de ganância e direito que os forçam a uma execução hipotecária e têm um efeito devastador no valor dos nossos bairros. Nesta economia desordenada e instável, não podemos contar com um dia de trabalho para fornecer fundos suficientes para suportar os custos de um estilo de vida confortável.

Com as perdas de emprego a continuarem a aumentar no início de 2009 e o desemprego a um máximo de 25 anos, é evidente que o globo está a sofrer uma convulsão significativa. De acordo com números recentes, 2 milhões de empregos foram perdidos nos primeiros três meses de 2009, e 5,1 milhões de empregos foram perdidos desde 2008.

Então, o que devemos fazer?

Temos de abraçar plenamente a alfabetização financeira promovida pela série do pai rico de Robert Kiyosaki ao longo dos últimos doze anos. Contudo, temos de a abraçar de formas inovadoras. Para melhorar os nossos activos, não é suficiente jogar jogos imobiliários e de carteira de investimentos; a actual recessão económica prejudicou mesmo estes.

Não é suficiente considerar apenas como criamos rendimentos, por um lado, e como gastamos dinheiro, por outro. Sim, um activo é algo que coloca dinheiro nos nossos bolsos, e um passivo é algo que tira dinheiro dos nossos bolsos.

No entanto, já não vivemos na era industrial em que os activos e passivos são entidades totalmente distintas para o balanço. Na era do conhecimento e da informação, podemos descobrir ou criar muitas estratégias para expandir os nossos activos, limitar as nossas despesas e, mais significativamente, converter os nossos passivos em activos.

Esta é uma mudança fundamental que é necessária para a sobrevivência em tempos difíceis. Em vez de apenas maximizar as suas oportunidades geradoras de rendimentos e reduzir as suas despesas durante estes tempos difíceis, considere como pode transformar as suas despesas em oportunidades geradoras de rendimentos.

Capítulo 13: Directrizes de Venda Contrárias Durante Uma Recessão.

Quando a preocupação com uma economia em deterioração atinge as ondas de rádio, a resposta inicial é agir. A resposta empresarial típica é contrair numa bola. O plano é cair e esconder-se até que a recessão termine, independentemente do tempo que isso possa demorar.

As empresas que seguem a abordagem contra-intuitiva de manter agressivamente o rumo e vender mais, e não menos, descobrirão que a paisagem da concorrência é essencialmente desprovida dos culpados tradicionais.

A mentalidade das vendas durante uma recessão é idêntica à do Verão. Porque os vendedores acreditam que todos estão de férias, não fazem chamadas. Da mesma forma, pensam que ninguém compra durante uma recessão e não efectuam chamadas de vendas. Aqueles que efectuam chamadas telefónicas ganham vendas.

Para que as vendas sejam resistentes à recessão, é necessária uma mentalidade contra-intuitiva.

Os seus pensamentos podem estar a dizer-lhe para fugir, mas se tiver a coragem de avançar durante este período, descobrirá que tem uma maior possibilidade de gerar vendas.

Aqui estão cinco recomendações para sobreviver a uma crise económica e talvez prosperar:

Regra de vendas e marketing: Uma recessão é um momento para testar as suas capacidades de vendas e marketing. A ideia é continuar com o que sabe para ser eficaz.

Invista na aprendizagem: Aqueles com conhecimentos completos não têm nada a aprender. É um momento fantástico para adoptar um novo ponto de vista durante uma recessão. Como pode fazer melhorias? Um serviço ao cliente mais inteligente?

Tente o tiro no escuro: Porque não optar pelo ouro? Agora é o momento de ser arrojado e perseguir as grandes contas que nunca invocaria durante um boom. Nunca se pode prever o que pode ocorrer. Provavelmente, não haverá muita concorrência.

Perfure mais fundo: Quando os clientes estão a prosperar, e você está a contribuir para o seu sucesso, procure mais oportunidades para contribuir e mais. Pense de forma criativa e divirta-se mais; experimente ideias novas.

Aceite a mudança; a maioria das empresas aceita a premissa da Grande Má Recessão; antes que dêem por isso, o lobo está na casa da avó! Abrace desta vez, e vai sair-se melhor do que o esperado durante a recessão.

Se mantiver o seu rumo actual, avançará ainda mais. Durante uma recessão, é preferível destacar-se da multidão.

Capítulo 14: Como o marketing baseado na localização pode ajudar a sua empresa a sobreviver à recessão.

A recessão atingiu especialmente duramente os estabelecimentos retalhistas e restaurantes nos últimos anos. A economia tem sido excessivamente difícil para as pequenas empresas nos últimos anos. Apenas as empresas que puderam permanecer magras e manter os seus clientes sobreviveram.

O segmento dos restaurantes rápidos e casuais é um exemplo de empresas tão ágeis. Este tem sobrevivido à recessão e florescido devido à entrega de valor para os clientes e a uma estratégia de negócios mais fluida e compacta do que a típica restauração casual.

Que tácticas podem as empresas empregar para se manterem à tona durante tempos económicos difíceis? O Marketing Baseado na Localização, ou "LBM", é uma das tácticas mais baratas e mais simples.

O marketing baseado na localização é uma excelente estratégia para aquisição de clientes que pode ajudar o seu negócio a prosperar nestes tempos económicos difíceis. Existem algumas formas fundamentais de LBM poder ajudá-lo a prosperar numa recessão.

Com a economia em confusão, os compradores procuram negócios e métodos para poupar dinheiro. Os acordos de marketing baseados na localização são um excelente método para fornecer um valor genuíno aos seus clientes. A LBM permite-lhe adquirir clientes ao longo de períodos de recessão económica, fornecendo aos seus clientes ofertas especiais e descontos relevantes. Enquanto os seus concorrentes estão a perder negócios, pode ganhá-los.

Numa economia desafiante, pode também empregar o marketing baseado na localização para diferenciar o seu negócio. Enquanto os seus concorrentes estão a perder consumidores por dia, pode aproveitar os métodos de LBM para aumentar a lealdade dos clientes e fornecer incentivos aos seus clientes.

Em circunstâncias económicas desafiantes, a retenção dos seus principais consumidores é essencial para a sobrevivência. O marketing baseado na localização é o método para recompensar e reter clientes fiéis. O valor vitalício dos consumidores dedicados mantém muitas empresas a funcionar, especialmente durante uma recessão.

As iniciativas de marketing baseadas na localização são também livres de estabelecer e baratas de manter, tornando-as uma ferramenta ideal para as empresas que procuram estratégias rentáveis para aumentar a sua base de consumidores durante uma recessão.

Capítulo 15: Avalie a sua estratégia de Marketing durante uma Recessão.

Como o marketing poderia ser uma forma imediata de poupar custos, a sua reacção inicial aos efeitos de uma recessão na sua empresa poderia ser a de a eliminar. No entanto, o marketing é essencial durante uma recessão. O marketing durante este período pode ser mais crítico do que em outros momentos.

Assim que reconhecer que a recessão está a afectar a sua empresa, ou assim que ler este Capítulo se já estiver a sofrer as consequências, deve avaliar a sua abordagem de marketing. Não precisa de a eliminar. No entanto, terá de fazer certas modificações. Considere as seguintes questões para rever e alterar o seu plano para melhor.

Compreendo os meus clientes?

Demasiados proprietários de empresas concentram-se apenas nos artigos e serviços que acreditam ser bem sucedidos. Eles são irrelevantes se as tendências não estiverem relacionadas com a sua base de clientes. Em vez de se preocupar com o que lhe foi dito deve gerar mais lucro, analise os seus clientes.

Manter clientes fiéis é uma das melhores formas de sobreviver a uma recessão. Envidar esforços para garantir que os produtos ou serviços que fornece são aquilo que os seus clientes desejam ou necessitam pode ser rentável. Isto é essencial em qualquer plano de marketing, pois deve assegurar-se de que oferece produtos verdadeiramente comercializáveis aos consumidores.

Estou a investir muito ou muito pouco em marketing?

Deve reduzir em certas áreas, mas ainda assim investir adequadamente em marketing. O objectivo é gastar dinheiro de forma inteligente.

Estarei a desperdiçar dinheiro em marketing?

Gastar tempo visando a população adequada. Muitos indivíduos gastam uma quantidade considerável de dinheiro em estratégias de marketing generalizado. Em tempos de recessão, no entanto, desejará afectar o seu dinheiro de marketing a perspectivas genuínas de clientes, quando cada dólar conta.

Estou a fixar preços para ter lucro ou para vender?

Deseja ganhar dinheiro, mas deve confrontar-se com algumas realidades. Muitos indivíduos estão a reduzir os seus gastos. Para continuar a gerar rendimentos, poderá ter de alterar os seus preços. Seria melhor encontrar um equilíbrio entre vender artigos e ganhar dinheiro.

Avaliar o seu plano de marketing, fazendo a si próprio algumas perguntas é simples. Assim que tiver as respostas a estas perguntas, poderá fazer os ajustamentos necessários para assegurar que a sua empresa sobreviva à recessão económica e prospere.

Capítulo 16: Melhore o valor do seu trabalho durante uma recessão.

No meio de uma recessão, mesmo as organizações tradicionalmente centradas nos trabalhadores terão de mudar o seu foco, de criar um grande local de trabalho para encontrar formas de cortar os seus orçamentos, mantendo-se competitivas no mercado e atraindo consumidores que de outra forma poderiam gastar o seu dinheiro noutro lugar. Esta será a sua maior prioridade!

Porque poupar dinheiro enquanto continua a ganhar dinheiro será essencial para a continuação da existência da empresa (e porque pode ser tão difícil de fazer numa economia que prospera na ideia de que é preciso gastar dinheiro para ganhar dinheiro), qualquer empregado que possa ajudá-los a alcançar este objectivo tornar-se-á imediatamente um dos activos mais valiosos da empresa.

Os empregados que possam ajudar uma empresa antecipadamente, mantendo a rentabilidade, serão extremamente valiosos aos olhos dos executivos da empresa. Pode estar certo de que estes indivíduos não estarão à procura de trabalho! Não se dispõe de activos que geram um retorno tangível durante uma recessão.

Não consegue pensar em nenhuma forma criativa de ajudar a sua empresa a reduzir as despesas? Aqui ficam algumas sugestões para começar:

Reduza o número de materiais de escritório. Ficaria surpreendido com o quanto o local de trabalho médio gasta por mês em lápis, papel, e pastas.

Encontre uma estratégia para reduzir os custos de produção sem sacrificar a qualidade.

Se conseguir encontrar uma técnica para reduzir o custo de envio dos seus artigos, tornar-se-á um herói instantâneo no seu negócio! O aumento do preço do petróleo (e consequentemente da gasolina) levou a um aumento ridículo do custo do transporte de mercadorias, o que por sua vez obrigou as empresas a aumentar o preço das suas mercadorias, o que por sua vez está a levar à perda de negócios na economia lenta, uma vez que os clientes se queixam do aumento do preço e levam os seus negócios para outro lado.

Benefícios para novos empregados As empresas que não dão benefícios aos seus empregados não os retêm normalmente durante muito tempo. Mesmo as empresas mais desinteressadas normalmente organizam uma festa de Natal ou outro evento anual para os empregados que mantêm o seu negócio a funcionar e uma oferta regular de incentivos ao longo do ano para aumentar o moral e promover uma maior produtividade.

Se conseguir arranjar um fluxo regular de incentivos a empregados (e clientes) que exigem que a empresa gaste menos dinheiro do bolso, estará bem em tornar-se um membro indispensável da equipa.

Capítulo 17: Utilizar a força dos serviços de SEO.

A recessão económica afectou muitas indústrias, resultando em desemprego maciço, reestruturação de empresas para promover multitarefas em muitas divisões, perda significativa de empresas em investimentos, e muitos outros factores que podem levar ao encerramento ou mesmo à falência de uma empresa.

Muitas empresas recorreram a medidas de redução de custos que afectaram vários departamentos essenciais, incluindo o departamento de marketing. Como se pode ter sucesso numa indústria competitiva se o seu orçamento de marketing e publicidade é limitado?

Poderá sustentar e fazer crescer a sua empresa durante uma recessão? Isto é possível através da utilização de serviços de SEO.

Porquê a Internet? Os empresários estão habituados às formas tradicionais de publicidade, tais como televisão, rádio e meios de comunicação impressos.

No entanto, devido à actual recessão, o financiamento para promoções tri-media foi reduzido, o que poderia prejudicar as actividades de marketing da empresa. Em resposta, uma empresa pode utilizar a Internet para fins geradores de lucro para além do correio electrónico e da simples navegação na Web.

A Internet é um meio que poderia introduzir uma empresa a uma audiência global. Em comparação com os meios de comunicação tri-media, que visam uma audiência de massa sem abordar as características demográficas, o marketing na Internet pode ganhar uma presença de mercado mais substancial através do marketing de nicho ou da resposta real da audiência directa do produto.

Os serviços de SEO são uma espécie de marketing em linha que pode ser utilizado em resposta à diminuição dos orçamentos de publicidade da recessão. A optimização dos motores de busca é um método para aumentar o tráfego do website através de resultados de pesquisa orgânica; a pesquisa orgânica é o processo de atracção de visitantes do website através de páginas de resultados de motores de busca. Os motores de busca incluem o Google e o Yahoo.

Esta actividade atrai pessoas que podem comprar produtos ou serviços, transformando a sua visita num lucro. Mesmo que isto não possa assegurar lucros reais, os serviços de SEO podem gerar um retorno do investimento, o que é essencial para o actual clima económico.

Ao seleccionar um fornecedor de serviços de SEO, algumas variáveis incluem o conhecimento do nicho de mercado que está a visar, honestidade, fiabilidade e ética de trabalho.

Alguns podem contestar a utilidade da ética de trabalho na web. Ainda assim, uma vez que interagimos directamente com os utilizadores finais do produto, é essencial manter a mesma equidade e proeminência de marca que na tri-media. O mesmo se aplica às tácticas de promoção em linha utilizadas para o website.

As estratégias de SEO de chapéu branco provaram ser mais seguras e mais produtivas a longo prazo do que as técnicas de SEO de chapéu preto, o que pode resultar num website a ser marcado como spam e a receber uma penalização dos motores de busca.

A recessão é caracterizada pelo desemprego, pouca rentabilidade, reafectação de fundos, etc. No entanto, os esforços de marketing não devem ser sacrificados. Os serviços de SEO são uma excelente opção para estabelecer uma presença na web e com os consumidores.

Capítulo 18: Alternativas para cortar e puxar para trás durante esta recessão em curso.

O instinto dos líderes empresariais durante uma recessão é de reduzir pessoal e programas e reorganizar-se. Exemplos diários incluem bancos, empresas tecnológicas, empresas de construção, comerciantes, e mesmo as chamadas áreas de crescimento, tais como os cuidados de saúde e sustentabilidade. Muitas médias e pequenas empresas nunca chegam a fazer as notícias. Durante a actual recessão económica, existem alternativas às reduções e cortes.

Estratégia.

Um plano estratégico abrangente é a base do sucesso, tanto nos bons como nos maus momentos.

Examine a estratégia da sua empresa. Será que faz sentido? Pode ser levado a cabo? Será isto demasiado idealista? Como é que aborda os seus mercados e as competências centrais da sua empresa?

Execução.

Sem execução, mesmo os melhores planos estratégicos e corporativos não são nada. Tem métricas ou medidas para avaliar o sucesso em relação aos objectivos financeiros E operacionais? Quais são bem sucedidos e quais não são? Porquê? Quem é o responsável? E o que está a ser feito para aliviar os défices de desempenho?

Clientes.

Durante as crises económicas, empresas de todos os tamanhos parecem prontas a colocar os clientes, que pagam as contas, em último lugar. Não! Agora é o momento de reavaliar os esforços de satisfação dos clientes da sua empresa. Os seus clientes têm opções, independentemente da indústria, produto, ou serviço. Tome as medidas necessárias para fazer da sua empresa a sua PRIMEIRA opção. Pergunte-lhes como está a actuar e o que pode ser feito para melhorar.

Custo.

As empresas estão prontas para reduzir despesas e pessoal quando a economia está fraca. Isto é tão simples que uma criança com uma banca de limonada poderia consegui-lo, mas muitas vezes NÃO é essa a resposta correcta. Examinem onde os recursos são inicialmente aplicados.

Mantenha os seus custos gerais baixos. A maior parte dos seus recursos deve ser dedicada à geração de rendimentos e satisfação do cliente. Se isto necessitar de redistribuição e requalificação, deve ser feito. Em segundo lugar, os empreiteiros e consultores devem ser despedidos antes de despedir empregados, e a tarefa deve ser executada internamente.

Além disso, os salários e bónus no topo da organização devem ser reduzidos em primeiro lugar. As reduções mais significativas devem ser feitas entre os mais altos executivos da empresa, e não entre os funcionários e representantes de vendas que enfrentam os clientes.

Por último, solicitar feedback; os funcionários no piso e no back office normalmente sabem onde residem as maiores probabilidades de ganhos de eficiência REAL. Solicitar a sua contribuição, implementar as suas sugestões e reconhecer as suas contribuições.

Velocidade.

Surpreende-me ler sobre a rápida mobilização de recursos na frente doméstica americana durante a Segunda Guerra Mundial. Em períodos surpreendentemente curtos, as fábricas passaram da produção de automóveis e frigoríficos para a produção de tanques e aviões em grandes quantidas. Antes dos computadores, como os conhecemos hoje, isto ocorria. Então, porque é que tudo hoje (excepto provavelmente a Internet) demora tanto tempo?

Examine os requisitos de tempo na sua organização e reduza-os em 25 a 50 por cento, mantendo ou melhorando a qualidade. Em vez de meses, o tempo necessário para desenvolver novos produtos e serviços é por vezes medido em anos. É viável, e isto é uma vantagem competitiva.

Inovação.

O MELHOR momento para a inovação e a assunção de riscos é quando a economia está a desafiar. Quando os tempos são difíceis, é natural que as empresas de todos os tamanhos corram menos riscos. Isto inclui conceitos únicos de produtos, serviços, marketing e operações comerciais.

Ao contrário da maioria das organizações, aqueles que estão a correr riscos e a avançar na inovação destacam-se da concorrência. Além disso, a inovação deve abranger todas as partes de uma empresa, e não apenas a investigação e desenvolvimento ou o marketing.

Um declínio, uma recessão, ou uma economia fraca induz o medo na maioria dos profissionais de negócios a todos os níveis. Mesmo quando o dinheiro é mais apertado, e as oportunidades de mercado diminuem, há vencedores e perdedores em economias saudáveis e fracas.

Ao concentrar-se na estratégia, execução, clientes, custo e despesa, rapidez e inovação, qualquer empresa, independentemente da sua dimensão, mercado ou indústria, pode sair vitoriosa da actual recessão económica.

Conclusão.

O actual clima económico é sombrio, tanto para indivíduos como para empresas. As pessoas estão a apertar os seus cintos financeiros à medida que a economia continua a lutar. Outrora considerada uma anomalia, a frugalidade é agora usada como um distintivo de honra.

A frase "o dinheiro é rei" é muito correcta. Manter um fluxo de caixa suficiente para o seu negócio tornou-se necessário durante a actual recessão económica, especialmente tendo em conta o esgotamento dos mercados de crédito.

É viável para as empresas sobreviverem durante uma recessão, como evidenciado pelo sucesso passado do Google, IBM, PayPal, e FedEx. Mesmo que a sua empresa não seja comparável com a deles, há algumas coisas que pode fazer - que eles fizeram - para melhorar o seu negócio. Pode tomar outras medidas para assegurar que a sua empresa faz mais do que apenas sobreviver à actual recessão económica. Aqui estão alguns exemplos:

Preste assistência a clientes de cinco estrelas. Mesmo em tempos económicos difíceis, as empresas recusam-se a reduzir o serviço ao cliente. O serviço ao cliente é a "primeira linha" da sua defesa - o serviço ao cliente excelente resulta em consumidores satisfeitos. Os clientes que têm o prazer de gastar dinheiro geram receitas. Além disso, um excelente serviço ao cliente pode diferenciá-lo da concorrência, o que, nestes tempos, é essencial.

Embora seja um momento perfeito para examinar a eficácia dos seus canais de marketing e determinar quem são os seus principais clientes, reduzir o seu orçamento de marketing coloca-o em desvantagem. Muitos concorrentes concentrarão os seus esforços, motivando-os a promover a sua empresa de forma agressiva.

Renegociar contratos de arrendamento e contratos. Agora é o momento ideal para examinar os seus contratos de serviços, contratos de fornecedores e contratos de arrendamento. Se estiver empenhado num arrendamento a longo prazo, negocie uma redução do aluguer com o seu senhorio. Isto é bem sucedido se o seu senhorio desejar manter taxas de ocupação elevadas e souber que tem outras opções.

Uma renegociação do arrendamento pode frequentemente resultar numa redução de 5 a 50 por cento da taxa. Além disso, os vendedores podem estar dispostos a renegociar os contratos. A maioria das empresas reconhece que é preferível ter algum negócio do que não ter nenhum. Além disso, pedir nunca faz mal.

Continue a desenvolver artigos e serviços que apelam à sua clientela. As empresas bem sucedidas são as que continuam a inovar. Pode acreditar que isso é bastante difícil no nosso campo, assumindo que só se pode reinventar a roda tantas vezes.

Neste cenário, contudo, a inovação não implica necessariamente a criação de novos produtos ou serviços. Envolve o desenvolvimento de soluções inventivas para satisfazer a procura actual ou para responder às necessidades ou problemas de um cliente.

Pode envolver parcerias com pessoas em novos projectos ou mesmo dar uma mão a um fornecedor, aumentando a sua alavancagem negocial. Em termos simples, seja imaginativo e não restrinja as possibilidades.

Habilidades de Gestão para Gestores.

1. Gestão do Tempo para Gestores
2. Coaching de Gestores para Empregados
3. Formação de Equipas para Gestores
4. Autoconfiança para os Gestores
5. Habilidades de Negociação para Gestores
6. Habilidades de Serviço ao Cliente para Gestores
7. Assertividade para os Gestores
8. Etiqueta Empresarial para Gestores
9. Habilidades de Audição para Gestores
10. Habilidades de Liderança para Gestores
11. Habilidades de Comunicação para Gestores
12. Habilidades de Apresentação para Gestores
13. Gestão de Stress para Gestores
14. Tomada de decisões para os Gestores
15. Gestão de Conflitos para Gestores.

Série: Liberdade financeira em qualquer idade.

- ➢ Alcançar a liberdade financeira na casa dos 20
- ➢ Alcançar a liberdade financeira na casa dos 30
- ➢ Alcançar a liberdade financeira na casa dos 40
- ➢ Alcançar a liberdade financeira na casa dos 50
- ➢ Alcançar a liberdade financeira na década de 60
- ➢ Alcançar a Liberdade Financeira na década de 70 e mais além.
- ➢ Alcançar a Liberdade Financeira nas crianças
- ➢ Alcançar a liberdade financeira nos adolescentes
- ➢ Alcançar a Liberdade Financeira nos estudantes universitários.

- Esquemas financeiros a ter em conta na reforma.

Série: Finanças pessoais para si.
- Compra e Venda de Cripto para Principiantes
- Porque Investir em Acções de Dividendos Faz Sentido.

Série: Riqueza 2022.

- Empreendedorismo Online.
- Iniciar o seu próprio negócio
- Gestão da Riqueza
- Rendimento Passivo.
- 12 Passos para iniciar o seu próprio negócio.

Série: Excelente Serviço ao Cliente.
- Excelente serviço ao cliente no retalho
- Excelente Serviço ao Cliente em Fast Food
- Excelente serviço ao cliente no Restaurante Full-Service
- Excelente Serviço ao Cliente no Ensino.
- Excelente Serviço de Apoio ao Cliente em Imóveis
- Excelente serviço ao cliente num Call Center

- Excelente Serviço de Atendimento ao Cliente como Recepcionista
- Excelente Serviço de Atendimento ao Cliente num Hotel
- Excelente Serviço ao Cliente na Venda
- Excelente serviço ao cliente Não importa a situação.
- Excelente Serviço ao Cliente no Consultório Dentário
- Excelente Serviço ao Cliente no Consultório Médico.

Série: Dinheiro rápido.

- Dinheiro rápido numa semana
- Dinheiro rápido num fim-de-semana
- Dinheiro rápido num mês
- Dinheiro rápido para estudantes.

Série: Como Promover.

- Como fazer o seu negócio prosperar durante uma recessão
- Como promover o seu livro de receitas
- Como promover o seu livro infantil.

Autor Bio

D.K. Hawkins. D.K. gosta de ler livros pessoais de negócios, bem como de passar tempo ao ar livre. Mais livros virão nesta colecção, por isso, por favor siga na Amazon para mais livros.

Obrigado pela sua compra deste livro.

Sinceramente, aprecio-o e aprecio-o a si, meu excelente cliente.

Deus vos abençoe.

D.K. Hawkins.

www.ingramcontent.com/pod-product-compliance
Lightning Source LLC
Chambersburg PA
CBHW050010230526
45465CB00003BB/1354